Début d'une série de documents
en couleur

DEUX CONTROVERSES SUR LES ORIGINES

DU

DÉCRET DE GRATIEN

PAR

PAUL FOURNIER

(Extrait de la *Revue d'histoire et de littérature religieuses*,
t. III, 1898, n°s 2 et 3).

MACON

PROTAT FRÈRES, IMPRIMEURS

1898

La *Revue d'histoire et de littérature religieuses* paraît tous les deux mois, par fascicules de six feuilles d'impression (96 pages), et forme chaque année un fort volume de 568 pages environ.

Conditions de l'abonnement :

France et colonies .... 10 fr.   par an.
Étranger .... 12 fr. 50   —
Un numéro pris séparément.. 2 fr. 50

Adresser les abonnements et toute communication à *l'administration de la Revue d'histoire et de littérature religieuses*, 74, boulevard Saint-Germain, 74.

Le meilleur mode d'envoi est un mandat-poste ou un chèque à vue sur Paris. Si l'on préfère que nous fassions opérer le recouvrement, l'abonné aura, dans ce cas, à payer, *en plus*, pour les frais, 0 fr. 50 pour la France, et 1 franc pour l'Europe.

Les abonnements partent du mois de janvier et sont exigibles après la publication du premier numéro de chaque année.

MM. les Éditeurs de l'étranger sont priés d'envoyer franco et directement (non par commissionnaire) à la Revue d'histoire et de littérature religieuses, 74, boulevard Saint-Germain, les ouvrages dont ils désirent un compte rendu.

Les droits de propriété, de traduction et de reproduction sont expressément réservés.

La *Revue d'histoire et de littérature religieuses* est purement historique et critique.

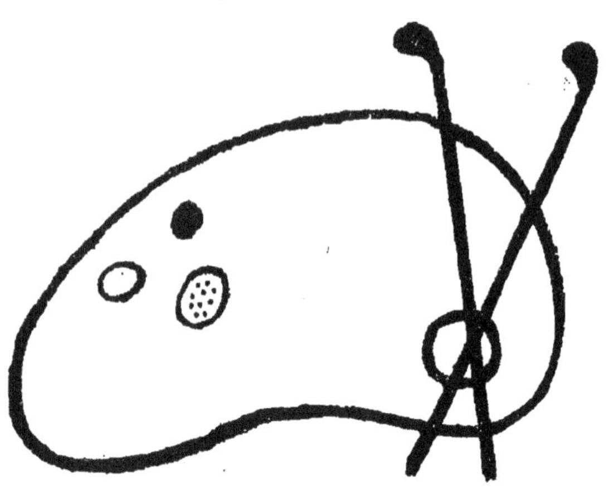

Fin d'une série de documents
en couleur

DEUX CONTROVERSES

SUR LES

ORIGINES DU DÉCRET DE GRATIEN

MACON, PROTAT FRÈRES, IMPRIMEURS.

DEUX CONTROVERSES SUR LES ORIGINES

DU

DÉCRET DE GRATIEN

PAR

PAUL FOURNIER

(Extrait de la *Revue d'histoire et de littérature religieuses*,
t. III, 1898, n°ˢ 2 et 3).

MACON

PROTAT FRÈRES, IMPRIMEURS

1898

DEUX CONTROVERSES
SUR LES ORIGINES DU DÉCRET DE GRATIEN

Le *Décret*, composé au xii° siècle par le maître bolonais Gratien, compte parmi les ouvrages les plus importants qui aient été consacrés au droit ecclésiastique. C'est d'abord un vaste recueil de citations disposé d'après un plan méthodique et plus complet qu'aucune des compilations du même genre antérieurement rédigées. On y trouve aussi, formant comme la trame des citations, une œuvre personnelle où l'auteur s'efforce, en interprétant les textes, d'en faire disparaître les antinomies pour les ramener à l'unité ; par là le *Décret* mérite bien le titre qu'il porte, *Concordia discordantium canonum.* Aussi la publication du *Décret* de Gratien, quoiqu'il ne soit que l'ouvrage d'un simple particulier, ouvre-t-elle une phase nouvelle du développement du droit canonique. Non seulement le *Décret* se substitue à tous les recueils antérieurs, notamment aux compilations d'Yves de Chartres, si généralement employées pendant la première moitié du xii° siècle, mais, à son tour, il inspire directement de nombreux jurisconsultes qui se proposent d'établir une construction synthétique du droit de l'Église. Non seulement il devient la base de l'enseignement canonique au moyen âge, tout comme l'ouvrage contemporain de Pierre Lombard, les *Sentences*, devient le fondement de l'enseignement théologique [1] ; mais, constituant une des portions capitales du

1. D'après une légende, fort suggestive, qui circula au moyen âge, Gratien, l'auteur du *Décret* fut considéré comme le frère de Pierre

Corpus juris canonici, il s'impose encore de nos jours à l'attention des canonistes, qui, en maintes circonstances, doivent l'expliquer et le commenter. En vérité, il est peu d'ouvrages qui aient obtenu un succès égal à celui du *Décret* de Gratien.

Pas n'est besoin de faire ressortir l'intérêt des problèmes que soulève l'origine d'une œuvre qui a exercé une si profonde influence. C'est à deux de ces problèmes, encore agités de nos jours, que sera consacrée la présente étude. J'essaierai d'abord de préciser la relation qui unit le *Décret* aux *Sentences* de Pierre Lombard, ce qui revient à prendre parti sur cette question : Gratien procède-t-il de Lombard ou Lombard de Gratien ? Ensuite, m'aidant du résultat obtenu, je m'efforcerai de fixer la date à laquelle fut publié le *Décret* de Gratien.

PREMIÈRE PARTIE

GRATIEN ET PIERRE LOMBARD

L'ordre qui s'impose à notre étude, si nous voulons résoudre la première des questions proposées, ne saurait être autre que celui-ci : démontrer d'abord que le *Décret* et les *Sentences* sont des œuvres de la même famille, puis déterminer le lien de parenté qui les unit.

I

Il n'y a guère qu'un écrivain récent qui ait mentionné comme vraisemblable l'opinion d'après laquelle le *Décret* et les *Sentences* pourraient être considérés comme des

Lombard, auteur des *Sentences*, et de Pierre le Mangeur, auteur de l'*Historia Scolastica*. Ainsi l'imagination des lettrés unissait par un lien de famille les trois écrivains de la même époque qui apparaissaient comme les pères du droit canonique, de la théologie et de l'histoire sacrée.

ouvrages indépendants l'un de l'autre [1]. En général, les auteurs s'accordent à les tenir pour des œuvres étroitement apparentées. C'est là, à mon sens, une proposition incontestable. Toutefois, pour couper court à toute hésitation, il ne semble pas inutile de faire apparaître l'air de famille qui caractérise ces deux ouvrages. Pour atteindre ce but, il est indispensable de comparer des portions de l'un et l'autre recueils où il est traité des mêmes matières. Or, quoique les *Sentences* soient surtout un recueil théologique, tandis que le *Décret* est principalement consacré au droit, il n'est pas difficile d'y trouver des parties communes, d'autant mieux qu'au xiie siècle, le droit canonique ne s'est point encore dégagé de la théologie. Afin d'abréger cette dissertation, je ne présenterai ici que le résultat de la comparaison de quelques-unes de ces parties communes.

Cette comparaison sera faite à un double point de vue. Gratien et Lombard ont composé leurs ouvrages d'innombrables citations, reliées par un texte, souvent assez maigre, qui leur est personnel. L'analogie qu'il convient de mettre en lumière existe entre les citations employées aussi bien qu'entre les textes où elles sont enchâssées. Il y a donc lieu de comparer les citations comme les textes. Qu'on veuille bien me permettre de commencer par les citations.

A. — Sur ce point, le travail a été accompli en grande partie par M. Friedberg. Dans les Prolégomènes qu'il a placés en tête de son édition du *Décret* de Gratien, le savant canoniste a dressé la liste des canons du *Décret* qui se retrouvent dans les parties correspondantes des *Sentences* de Pierre Lombard. Cette liste mentionne 236 canons [2],

---

1. FREISEN, *Geschichte des Canonischen Eherechts*, p. 5.

2. J'ai la conviction que les textes canoniques communs aux deux recueils dépassent notablement ce chiffre.

qui tous proviennent, soit des dernières distinctions du
IIIe livre des *Sentences*, où il est traité du décalogue, soit
surtout du IVe livre, consacré aux sacrements : le baptême,
la pénitence, l'ordre et le mariage en ont fourni un con-
tingent considérable[1].

Sans refaire ici (ce serait superflu) l'œuvre de M. Friedberg, j'estime utile de donner une idée des analogies
qu'une comparaison attentive permet de constater entre
les citations employées par Gratien et celles qu'invoque
Pierre Lombard. A titre d'exemples, je me borne à
choisir deux distinctions du maître des *Sentences*, à savoir
la distinction XXVII et la distinction XXXV du livre IV ;
dans l'une et l'autre il est traité du mariage. La liste sui-
vante démontre que *toutes* les citations canoniques contenues dans ces distinctions figurent aussi dans le *Décret*.

Examinons d'abord la Dist. XXVII.

SENTENCES	DÉCRET
C. 4. Isidorus. Consensus facit.	C. XXVII, Q. 2, princ.
Nicolaus papa. Sufficiat.	c. 2
Joannes Chrys. Matrimonium.	c. 1
Ambrosius. Non defloratio.	c. 5
C. 5. Ambrosius. Cum initiatur.	c. 5
Isidorus. Conjuges serius.	c. 6
Augustinus. Conjux vocatur.	c. 9
C. 7. Eusebius. Desponsatam.	c. 27
Gregorius. Decreta.	c. 28
C. 8. Gregorius. Sunt qui.	c. 19
Gregorius. Agathosa.	c. 21
VIII[a] Synodus. Si quis conjuga- tus.	c. 22
Augustinus. Si abstines.	c. 24
Nicolaus. Scripsit.	c. 26

1. Dans l'édition des *Sentences* d'Aleaume, reproduite dans la
Patrologia latina (t. CXCII), l'éditeur a pris soin d'indiquer le rang
qu'occupe chacun des textes au *Décret* de Gratien.

C. 10. Gregorius. Si quis uxorem.   c. 32
    Julius. Si quis desponsaverit.   c. 31
    Gregorius. Qui desponsatam.   c. 34
C. 12. Augustinus. Institutum.   c. 39
C. 14. Pelagius. Nihil est [1].   D. XXXIV, c. 20

Passons maintenant à la Dist. XXXV du même Livre IV des *Sentences*:

C. 1. Hieronymus. Præcepit.   C. XXXII, Q. 5. c. 19
    Idem. Apud nos.   20
    Innocentius papa. Christiana.   23

C. 2. Augustinus. Nihil iniquius.   C. XXXII, Q. 6, c. 1
    Idem. Indignantur.   c. 4

C. 3. Ambrosius. Ideo non subdit.   C. XXXII, Q. 7, c. 17
    Augustinus. Quare non addit.   c. 3
    Idem. Si nec nubere.   c. 4
    Idem. Ut non facile.   c. 6

C. 4. Johannes Chrys. Sicut crudelis.   C. XXXII, Q. 1, c. 1
    Hieronymus. Cum mulier unam.   c. 2
    Idem. Rem novam.   C. XXXIV, Q. 2. c. 3

C. 5. Johannes Chrys. Patronus.   C. XXXII, Q. 1, c. 1
    Augustinus. Quod tibi.   C. XXXII, Q. 1, c. 7
    Idem. Non est.   c. 8
    Hermes. Debet recipere.   C. XXXIV, Q. 2. c. 7
    Idem. Si vir scierit.   c. 7

C. 6. Leo papa. Nullus.   C. XXXI, Q. 1, c. 1
    C. Tribur. Relatum.   c. 4
    Augustinus. Denique.   c. 2

Nous pourrions multiplier ces observations. Elles conduisent toutes à la même conclusion. A part un nombre insignifiant d'exceptions [2], les citations canoniques

---

1. La citation n'est pas absolument littérale.

2. Ainsi, à la fin de la Dist. XLII, c. 9 du livre IV des *Sentences*, Pierre Lombard cite un texte sous la forme de la version Dionysienne (C. Neocesar. Presbyterum....) alors qu'il ne figure dans le *Décret* que sous la forme qu'il a dans l'*Hispana* (C. XXXI, Q. 1, c. 8). J'imagine que Pierre Lombard a dû le tirer, non du *Décret*, mais des ouvrages

employées par Pierre Lombard figurent aussi dans le *Décret* de Gratien.

Si, d'autre part, on s'avise de comparer les citations des *Sentences* aux textes contenus dans les autres recueils canoniques en usage au xiie siècle, notamment dans les collections d'Yves de Chartres, on constatera que l'analogie est beaucoup moins complète[1]. Évidemment l'examen des citations employées de part et d'autre suffit à déceler l'existence d'un lien intime entre les *Sentences* de Pierre Lombard et le *Décret* de Gratien. Il paraît certain qu'un lien analogue n'unit les *Sentences* à aucune des autres collections.

B. — Ce n'est pas seulement entre les autorités citées de part et d'autre qu'existe une surprenante similitude. Le texte de Lombard, où sont encadrées ces citations, présente à plus d'une reprise de frappantes analogies avec le texte des portions du *Décret* qui sont l'œuvre propre et personnelle de Gratien, je veux dire les *Dicta Gratiani*. En voici quelques exemples :

Sentences, Livre IV, D. XXVII, c. 7.	*Dicta Gratiani*, post c. 26, C. XXVII, Q. 2.
Refert etiam Hieronymus quod Macharius inter Christi eremitas præcipuus, celebrato nuptiarum convivio, cum vespere thalamum esset ingressurus, ex urbe egrediens transmarina petiit et eremi solitudinem sibi elegit. Beatus etiam Alexius similiter ex nuptiis divina gratia vocatus, sponsam deseruit, et nudus Christo famulari cepit. His exemplis liquet licere sponsis sine consensu suarum	Ut enim refert B. Jeronimus, Macharius, præcipuus inter Christi heremitas, celebrato nuptiarum convivio, cum vespere thalamum esset ingressurus, transmarina petiit et heremi solitudinem sibi elegit. Item B. Alexius, Epiphanii clarissimi filius, similiter ex nuptiis divina gratia vocatus, sponsam deseruit, et nudus Christo famulari cepit. Horum exemplo patet quod sponsi non exquisito con-

d'Hugues de Saint-Victor (Cf. *Summa Sententiarum*, VII, 21) qu'il a certainement consultés et utilisés.

1. A titre d'exemples je signale quelques textes qui figurent dans le

sponsarum, et e converso, continentiam profiteri.	sensu suarum sponsarum continentiam profiteri valeant.

D. XXVIII, c. 3.	*Dicta Gratiani*, post c. 2, C. XXVII, Q. 2.
Si cohabitationis consensus matrimonium facit, tunc frater cum sorore, pater cum filia potest contrahere matrimonium. Si carnalis copulæ, tunc inter Mariam et Joseph non fuit conjugium. Proposuerat enim Maria in virginitate manere nisi Deus aliter facere juberet; secundum quod videtur angelo dixisse : Quomodo, etc., id est, me non cognituram proposui. Neque enim.................. proposuerat.	Si cohabitationis consensus facit matrimonium, tunc frater cum sorore potest contrahere matrimonium ; si carnalis copulæ, inter Mariam et Joseph non fuit conjugium. Voverat enim Maria se virginem perseveraturam : unde ait Angelo. Quomodo, etc., id est, me non cognituram proposui. Neque enim................... ......proposuerat.

D. XXXV, c. 3.	*Dicta Gratiani*, post c. 18, C. XXXII, Q. 7.
Après la citation de S. Ambroise on lit : Sed hoc a falsariis in Ambrosii libro positum creditur.	Sed illud Ambrosii à falsatoribus dicitur insertum.

D. XXXV, c. 7	*Dicta Gratiani*, post c. 2, C. XXI, Q. 1.
Sed hæc ultima auctoritas de concubinis loquitur, perhibens concubinas posse transire ad honestum placitum nuptiarum, si	Hæc ultima auctoritas de concubinis loquitur, perhibens concubinas posse transire ad ho-

Décret et les *Sentences*, alors qu'ils ne paraissent pas se retrouver dans les collections d'Yves.

Isidorus. Consensus facit	SENTENCES, IV	DÉCRET
matrimonium.........	D. XXVII, c. 4.	C. XXVII, Q. 2, pr.
Gregorius. Decreta......	D. XXVII, c. 7.	C. XXVII, Q. 2, c. 28.
Fabianus. De propinquis.	D. XLI, c. 2.	C. XXXV, Q. 2 c. 3, c. 3.
Symmachus. Omnes.....	D. XLII, c. 2.	C. XXX, Q. 1, c. 8.

La citation du concile de Mayence : *De eo quod interrogastis*, (*Sentences*, IV, D. XLII, 2), qui figure à la fois dans Yves (*Décret*, IX, 82 ; *Panormia*, VII, 66) et dans Gratien (C. XXX, Q. 1, c. 5), se présente dans les *Sentences* avec une variante propre à la leçon donnée par Gratien.

On pourrait citer nombre de faits analogues. L'étude approfondie des collections canoniques du xiie siècle démontre que si les *Sentences* sont en rapport avec un de ces recueils, ce recueil est évidemment celui de Gratien.

castitatem et fidem servare velint. Prima vero auctoritas Augustini de illis agit qui de peccato pænituerunt.

D. XXXVI, c. 3.

Si mulier liberum acceperit, et ille, ut causam prestet dissidii, se alicujus servum fecerit, nec ille uxorem dimittere, nec illa ob vinculum conjugii in servitutem redigi poterit; unde illud in Tribur. concilio : Perlatum est...

D. XXXVI, c. 4.

Item... Sponsalia ante... inter eos agitur.

D. XXXVIII, c. 3.

Attendite quod non solum conjugium talibus negare videtur, sed etiam locum pænitentiæ. Sed non ita intelligendum est ut aliquando excludantur à pænitentia quæ digne pænitentiam agere volunt, etc. »

D. XXXIX, c. 7.

Sed distinguendum est hic aliud esse dimittere volentem cohabitare aliud dimitti propter Deum ab illo qui horret nomen Christi... Et ideo cum liceat dimittere volentem cohabitare, non tamen ea vivente aliam ducere licet, sed hoc non est intelligendum nisi de his qui in infidelitate sibi copulati sunt. Sed si ad fidem uterque conversus est, vel si uterque... quod non potest dissolvi.

nestum placitum nuptiarum. Prima auctoritas Augustini loquitur de repudiata (Ici le texte devient différent de celui de Lombard).

Dicta Gratiani, post c. 6, C. XXIX, Q. 2.

Si vero liberum mulier, acceperit, et ille, ut causam dissidii prestet, se alicujus servum fecerit, nec uxorem dimittere, nec illa ob vinculum conjugii in servitutem redigi poterit. Unde in Tribur. concilio : Perlatum est...

Dicta Gratiani, in Q. 2, C. XXX.

Sponsalia ante... inter eos agitur.

Dicta Gratiani, post c. 43, C. XXVII, Q. 1.

Illud autem Innocentii, quo virgines sacræ publice nubentes, illo vivente cui se conjunxerant, prohibentur admitti ad penitenciam, non ita intelligendum est, ut aliquando excludantur à penitencia quæ digne penitentiam agere voluerint, etc.

Dicta Gratiani, post c. 2, XXVIII, Q. 2.

Hic distinguendum, aliud esse dimittere volentem cohabitare, atque aliud discedentem non sequi. Volentem enim cohabitare licet quidem dimittere, sed non ea vivente aliam superducere ; discedentem vero sequi non oportet, et ea vivente, aliam ducere licet. Verum hoc non nisi de his intelligendum est qui in infidelitate sibi copulati sunt. Ceterum si ad fidem uterque conversus est.....
.....quod nullo modo solvi potest.

D. XXXIX, c. 8.

Augustinus etiam dicit quia non est vera pudicitia infidelis cum fideli. Sed vera negatur esse pudicitia, non quod infidelium conjugium non sit verum, sed quod non habet illud triplex bonum, quod... meretur premium.

Item illud Apostoli : « Omne quod non est ex fide peccatum est » non ita intelligendum est ut quidquid fit ab infidelibus peccatum sit ; sed omne quod fit contra fidem, id est conscientiam, male fit et ad gehennam ædificat.

D. XLI, c. 4.

Aliud est fornicatio, aliud stuprum, etc...................... impunitatem meretur (série de définitions).

D. XLII, c. 7.

Sed sciendum quod auctoritas Nicolai de illo agit qui uxori suæ debitum reddidit postquam commater illius extitit. Aliæ vero auctoritates de illo agunt cujus uxor postquam à viro suo derelinquitur, illius commater efficitur.

Dicta Gratiani, post c. 14,
C. XXVIII, Q. 1.

Item, cum dicitur : « Non est vera pudicitia hominis infidelis cum conjuge sua », negatur pudicitia esse vera quantum ad effectum, ad premium videlicet æternæ salutis.

Illud vero Apostoli : « Quidquid non est ex fide peccatum est » non ita intelligendum est ut quicquid ab infidelibus fit peccatum esse credatur, sed omne, quod contra conscientiam fit, edificat ad gehennam.

Dicta Cratiani, post c. 2,
C. XXXVI, Q 1.

Aliud est enim fornicatio, aliud stuprum .... impunitatem promeretur.

Dicta Gratiani, post c. 5,
C. XXX, Q. 4.

Auctoritas illa Nycolai Papæ... illum prohibet commatris suæ uxoris matrimonio copulari qui uxori suæ debitum reddidit, postquam illius commater extitit. Illa vero auctoritas Triburiensis concilii illum permittit matrimonio copulari cujus uxor postquam à viro suo derelinquitur illius commater efficitur.

Ces rapprochements suffisent, je crois, pour établir l'étroite affinité qui existe entre les portions de son œuvre où Lombard parle en son nom personnel et les parties analogues du *Décret*, je veux dire les *dicta Gratiani*.

Ainsi, au double point de vue que nous avons envisagé, celui des citations employées et celui du texte personnel aux deux auteurs, il existe une analogie surprenante entre les *Sentences* et le *Décret* : ce sont des ouvrages qui, au moins pour les portions traitant des mêmes matières, présentent un air de famille qui ne saurait être nié.

II

L'analogie dont nous venons de démontrer l'existence ne saurait être fortuite. Il faut donc, pour l'expliquer, admettre l'une ou l'autre de ces deux hypothèses :

1° Ou les recueils de Gratien et de Lombard procèdent pour les portions canoniques, d'une source commune ;

2° Ou l'un d'eux a fait à l'autre de larges emprunts.

La première hypothèse ne s'appuie sur aucun argument. D'ailleurs, les notions que nous possédons sur les recueils canoniques du xiie siècle nous donnent la certitude qu'un ouvrage, assez important pour s'imposer à l'attention de Gratien, qui écrivait à Bologne, et de Pierre Lombard, qui composait ses *Sentences* à Paris, n'eut point disparu sans laisser de trace. Il faut donc écarter cette hypothèse comme dépourvue, non seulement de tout fondement, mais encore de toute vraisemblance. Nous sommes ainsi amenés à adopter la seconde hypothèse : il existe un rapport direct de filiation entre les deux auteurs : l'un a puisé dans l'œuvre de l'autre.

Reste à savoir lequel de nos deux auteurs a emprunté, lequel a prêté. Là-dessus les hommes compétents sont, de nos jours encore, partagés en deux camps. M. de Schulte, M. Sehling, M. Laurin et M. Esmein[1] estiment que le

1. SCHULTE, *Zur Geschichte der Literatur über das Decret Gratians, III*, dans les *Sitzungsberichte* de l'Académie impériale de Vienne, classe de philosophie et d'histoire, LXV (1870), p. 53 et s. : cf. SCHULTE, *Geschichte der Quellen*, I, p. 32 et s. — RICHTER-DOVE, *Lehrbuch des Katholischen und Evangelischen Kirchenrechts* (Leipzig, 1884, in-8°), p. 147, note 1. — ESMEIN, *Cours élémentaire d'histoire du droit français*, 3e édi-

recueil de Lombard, publié le premier, a été mis à contribution par Gratien. En revanche, Fattorini au siècle dernier, et, de notre temps, MM. de Scheurl, Sohm, et le R. P. Denifle[1] ont enseigné, en se fondant sur des motifs divers, que le recueil de Gratien, le premier en date, a été largement utilisé par Pierre Lombard. C'est à cette dernière opinion que, sans hésiter, je crois devoir me rallier : à mon sens, il est certain que *Pierre Lombard procède de Gratien*.

Remarquez d'abord qu'à première vue cette opinion est la plus vraisemblable. En effet, Gratien était un canoniste de profession ; Lombard, avant tout théologien, n'était canoniste qu'à ses heures, quand il lui fallait traiter un sujet appartenant au droit autant qu'à la théologie. Entre Gratien et Pierre Lombard, la différence est celle qui sépare le spécialiste de l'auteur d'une encyclopédie théologique. Or il est tout naturel que l'auteur de l'encyclopédie (en ce cas Pierre Lombard) consulte pour rédiger son ouvrage les écrits d'un spécialiste tel que Gratien : on conviendra que l'hypothèse contraire semble moins

tion, p. 794, n. 1, et *le Mariage en droit can.*, I, 56, 311. — SEHLING, *die Unterscheidung der Verlöbnisse im Kanonischen Recht* (Leipzig, 1887), p. 84 et s. — LAURIN, *Introductio in Corpus juris canonici* (Fribourg en B., 1889), p. 19-20.

1. Voir l'opinion de Fattorini, le continuateur de Sarti, dans SARTI et FATTORINI, *de claris Archigymnasii Bononiensis professoribus* (édit. de 1896, Bologne), I, p. 623. — SCHEURL, *die Entwicklung der Kirchlichen Eheschliessungsrechtes*, p. 80. — SOHM, *das Recht der Eheschliessung*, p. 123. — DENIFLE, *Abaelards Sentenzen*, dans l'*Archiv für Litteratur, und Kirchengeschichte des Mittelalters*, I (1885), p. 608 et note 1. Je dois ajouter que M. de Scherer (*Handbuch der Kirchenrechtes*, I, p. 214, note 7) trouve l'opinion adverse (celle de MM. de Schulte, Sehling et Laurin) invraisemblable. M. Freisen, dans son ouvrage sur le mariage, ne manque pas de citer Lombard parmi les *successeurs* de Gratien (*Geschichte des Canonischen Eherechtes*, p. 173 et 179). Enfin il faut remarquer que M. Friedberg, dans ses Prolégomènes au *Décret* de Gratien (p. LXXIV) fait remarquer que les *Correctores Romani* n'ont point considéré les *Sentences* de Lombard comme une source du *Décret* de Gratien.

vraisemblable. Toutefois c'est là une simple présomption, qui ne suffirait pas, il s'en faut, à établir une démonstration. Ma conviction repose sur des observations tirées des textes : le moment est venu de les faire connaître.

A. — Au cours du C. 8 de la D. XXVII du IVe Livre des *Sentences* se rencontre un fragment canonique (*Si quis conjugatus...*) qui y est cité sous l'inscription : *Item, ex VIII[a] Synodo* : ainsi ce texte est donné comme un canon du VIIIe concile général. Or, cette attribution est absolument erronée ; le fragment dont il s'agit provient, non du VIIIe concile, mais, au moins pour le début, de la règle de S. Basile. C'est d'ailleurs sous la rubrique *ex dictis Basilii* que l'avaient présenté toutes les collections antérieures, celles de Reginon, de Burchard, d'Anselme de Lucques, d'Yves de Chartres, la *Cæsaraugustana*, le *Polycarpus*[1]. Toutefois, dans le *Décret* de Gratien (C. XXVII, Q. 2, c. 22), le texte porte l'attribution fausse : *Ex VIII[a] Synodo*, tout comme les *Sentences* de Pierre Lombard.

Que nous découvrions une erreur commune à Gratien et au maître des *Sentences*, cela ne semble pas nous avancer vers la solution désirée. Mais poussons plus loin et essayons de déterminer l'origine de cette erreur.

Dans la seconde partie de la collection canonique dite *Tripartita*, qui date de la fin du XIe siècle, se trouve [2] un

---

1. REGINON, II, 109 (110) ; BURCHARD, IX, 45 ; ANSELME DE LUCQUES, X, 20 ; *Décret* d'YVES, VIII, 183 ; *Polycarpus*, VI, 4, 40 ; *Cæsaraugustana*, X, 65. Je cite Anselme de Lucques d'après le manuscrit du Vatican 1364 ; *Polycarpus* d'après le manuscrit de la Bibliothèque nationale Latin 3881 ; la *Cæsaraugustana* d'après le manuscrit du même dépôt, latin 3875 qui en représente la forme primitive. Reginon (*Libri de Synodalibus causis*) est cité d'après l'édition de Wasserschleben ; Burchard et Yves d'après la *Patrologia Latina*, CXL et CLXI.

2. J'ai analysé cette série de la *Tripartita* dans le mémoire intitulé : *Les collections canoniques attribuées à Yves de Chartres* ; voir *Bibliothèque de l'École des Chartes*, LVII (1896), p. 691 et s. Le fragment *si quis conjugatus* y porte le n° 22.

groupe de trente-deux fragments placés sous la rubrique : *Ex octava Synodo.* En réalité, il n'y a que le premier de ces fragments qui soit un canon du viii⁰ concile général ; les autres, loin de se rattacher à ce concile, proviennent de sources très différentes, dont l'indication est d'ailleurs souvent omise dans la *Tripartita.* La plupart sont tirés de règles monastiques, notamment de la règle de S. Basile : tel est précisément le cas du fragment *si quis conjugatus...* Il n'en est pas moins vrai que qui consulte la *Tripartita* sans grande attention est naturellement amené à croire que ces trente-deux fragments sont tous des canons du viii⁰ concile général.

Or il est certain que Gratien a compulsé la *Tripartita* et en a tiré des matériaux. Quand il en est venu au groupe de fragments dont il vient d'être parlé, se trompant sur leur origine, il les a attribués au viii⁰ concile général ; il en est seize au moins qui se retrouvent dans son œuvre sous la rubrique erronée : *Ex octava Synodo* [1]. Au nombre de ces fragments figure le canon *si quis conjugatus...*

Ceci posé, l'erreur de source que commet Pierre Lombard en citant ce canon ne s'explique que de deux façons : Ou Pierre Lombard a puisé le canon dans la *Tripartita,* en commettant fortuitement la même erreur que Gratien, ou bien il a emprunté à Gratien le texte avec l'attribution erronée sous laquelle il se présentait. La première de ces explications doit être rejetée. En effet, nous n'avons, en dehors de ce fragment, pas le moindre motif de penser que Pierre Lombard ait compulsé ou même ait connu la *Tripartita.* Si l'on écarte cette première explication, on est conduit à adopter sans hésiter la seconde, qui est de beaucoup la plus naturelle : Lombard, sans recourir lui-

---

1. Voir les observations insérées dans la dissertation signalée à la note précédente, p. 691 et s.

même à la *Tripartita*, a inséré dans ses *Sentences* le fragment *si quis conjugatus...* qu'il a puisé avec son inscription erronée dans le *Décret* de Gratien. C'est dire que le *Décret* de Gratien a été employé par Pierre Lombard comme une source de citations canoniques.

B. — On lit dans le livre IV des *Sentences* (D. XLI, c. 2, *in fine*) le texte suivant : « Hoc idem etiam Innocentius papa ait ; si qua mulier ad secundas nuptias transierit, et ex eis sobolem genuerit, nullatenus potest ad consortium cognationis prioris viri pertingere ». Ce texte n'appartient à aucun pape portant le nom d'Innocent. Dans le *Décret* de Gratien, il se présente sous la rubrique : *Ex Romana Synodo* (C. XXXV, Q. 10, c. 3). M. Friedberg, dans les notes de son édition du *Décret*, le donne comme un *caput incertum*.

Comment expliquer l'attribution au pape Innocent qui précède ce texte dans les *Sentences* de Pierre Lombard ? On n'en saurait rendre compte que par le motif suivant. Le texte dont il s'agit suit immédiatement, dans le *Décret* de Gratien, une décision attribuée au pape Innocent. Lombard aura puisé le fragment *si qua mulier* dans le *Décret* de Gratien; pour une raison quelconque, par suite de l'une de ces erreurs qui se produisent si fréquemment dans la transmission des textes, canoniques ou autres, les mots *ex Romana synodo* lui auront échappé ; aussi aura-t-il considéré le canon *si qua mulier* comme une suite du texte qui le précédait immédiatement dans l'œuvre de Gratien. Il n'y a pas d'autre explication vraisemblable qui puisse être donnée de cette erreur. Mais cette explication implique nécessairement la vérité de la proposition que je veux démontrer : l'ouvrage de Pierre Lombard procède de celui de Gratien.

C. — Dans le même livre IV des *Sentences*, à la fin du c. 4 de la *Distinctio* XLI, on lit, attribuée à un pape Alexandre, une citation canonique qui figure aussi avec la même attribution dans le *Décret* de Gratien (C. XXXV, Q. 5, c. 5 : *Quod autem frater*...) Or ce texte n'est pas l'œuvre du pape saint Alexandre non plus que d'Alexandre II ; l'attribution est certainement erronée. Les *Correctores* de Gratien ont indiqué la source de l'erreur. Dans la collection dite *Polycarpus*, ce fragment, qui appartient en réalité à Isidore de Séville, suit immédiatement sans aucune désignation d'auteur, la célèbre décrétale d'Alexandre II sur les degrés de parenté. Ces deux textes forment l'un le c. 62, l'autre le c. 63 du titre IV du VIe livre du *Polycarpus* [1]. L'un des deux compilateurs, Gratien ou Lombard, a trouvé ce texte dans le *Polycarpus* et s'en est emparé, croyant y rencontrer un complément de la décrétale d'Alexandre II. Il n'est pas vraisemblable que l'erreur ait été commise par Pierre Lombard, qui n'a pas compulsé un grand nombre de collections canoniques et qui ne paraît nullement s'être servi du *Polycarpus*. D'autre part, il est certain que Gratien a puisé directement dans le *Polycarpus*. On en peut conclure qu'ici encore l'erreur a été commise par Gratien, et ensuite répétée par Lombard d'après le *Décret* de Gratien.

D. — A ces motifs, il est permis d'ajouter un argument d'un autre ordre. Sur la théorie de la formation du mariage, on sait qu'un dissentiment profond existait entre l'école de Paris et l'école de Bologne : celle-là considérant le mariage comme parfait par le seul consentement, celle-ci, attachant une grande importance, non seulement au consentement des époux, mais à la consommation du mariage. Or, fidèle à l'enseignement d'Yves de Chartres et d'Hugues de Saint-Victor, Pierre Lombard se prononce nettement pour la théorie du mariage consensuel ; non content de l'établir, il réfute l'opinion d'un auteur qui avait enseigné le système contraire. En y regardant de

---

1. Je cite cette collection d'après le ms. latin de la Bibl. Nat. 3881.

près, il est facile de voir que cet auteur n'est autre que Gratien. La preuve s'en déduit de la comparaison des textes cités ci-dessous :

<table>
<tr><td>

Lombard, Livre IV, D. XXVII c. 6 et 8 :

Quidam tamen asserunt verum conjugium non contrahi ante traductionem et carnalem copulam, nec vere conjuges esse aliquos antequam intercedat commixtio sexus ; sed à prima desponsationis fide vir sponsus et mulier sponsa est, non conjux... Unde videtur inter sponsum et sponsam conjugium non esse. Ideoque asserunt à prima desponsationis fide conjuges appellari, *non re presentium, sed spe futurorum, quia ex fide quam ex desponsatione sibi invicem debent, postea efficiuntur conjuges.* Præmissas autem auctoritates quibus asseritur quod consensus matrimonium facit, ità intelligi volunt, ut consensus vel pactio conjugalis non ante coitum faciat matrimonium, sed in coitu. Sicut enim defloratio virginitatis non facit matrimonium, ità nec pactio conjugalis, antequam adsit copula carnalis. Ex pactione autem conjugali sponsi et sponsæ fiunt ante coitum : in coitu vere efficiuntur conjuges. Facit enim pactio conjugalis ut quæ prius erat sponsa, in coitu fiat conjux.

</td><td>

Dicta Gratiani, post c. 45, C. XXVII, Q. 2.

Ex his omnibus apparet sponsas conjuges appellari *spe futurorum, non re præsentium.* Quomodo ergo conjuges à prima fide desponsationis appellantur, si ista quæ sponsa assertur, conjux esse negatur ? sed à prima desponsationis fide conjux dicitur appellari, *non quod in ipsa desponsatione fiat conjux, sed quia ex fide quam ex desponsatione sibi invicem debent, postea efficiuntur conjuges...* Coitus sine voluntate contrahendi matrimonium et defloratio virginitatis sine pactione conjugali non facit matrimonium, sed præcedens voluntas contrahendi matrimonium et conjugalis pactio facit ut mulier in defloratione suæ virginitatis vel in in coitu dicatur nubere viro vel nuptias celebrare.

</td></tr>
</table>

Il suffit de rapprocher ces deux passages pour démontrer que, sur cette importante question, Lombard vise, d'ailleurs pour la combattre, la doctrine de Gratien. Cette proposition est d'autant plus certaine qu'au xiie siècle, Gratien est le premier qui ait exposé *ex professo* la théorie d'après laquelle il faut distinguer deux éléments dans la formation du mariage, le consentement et la *copula*. Nous ne voyons pas à quel autre écrivain de son temps Lombard aurait pu adresser ces critiques. Si le lecteur conservait quelque doute, qu'il veuille bien remarquer les expressions identiques employées à diverses reprises par l'un et l'autre auteurs. Évidemment l'un des deux cite textuellement l'autre ; or celui qui cite, c'est celui qui réfute, c'est-à-dire Pierre Lombard[1].

Par ces divers motifs, je suis amené à conclure :

1° Que le *Décret* de Gratien est antérieur aux *Sentences* de Pierre Lombard ;

2° Que l'auteur des *Sentences*, lorsqu'il traitait de matières juridiques, s'est largement servi du *Décret* de Gratien, soit pour reproduire le texte propre à Gratien, soit pour en critiquer les solutions.

A cette conclusion, il est utile d'ajouter deux observations :

1° On a souvent fait remarquer que le *Décret* et les *Sentences* se ressemblent beaucoup, non seulement par certains chapitres traitant de matières canoniques, mais encore par le mode d'exposition qui y est adopté, aussi bien que par la division en distinctions et en chapitres qui se retrouve dans l'ouvrage entier de Lombard et dans une portion considérable de celui de Gratien. Les ressemblances qui ont été constatées ont paru si frappantes à un érudit du siècle dernier, Fattorini, qu'il a pu écrire, non sans quelque exagération : « Un œuf ne ressemble pas plus à un œuf que la collection de Gratien aux *Sentences*

---

1. Le canoniste qui vers 1170, rédigeait la *Summa Parisiensis* a bien compris que Pierre Lombard s'est efforcé de réfuter Gratien. En effet, il s'exprime ainsi : *Respondet autem magister Lombardus in sententiis suis ad illud Gratiani...* Cf. SCHEURL, *die Entwicklung des kirchlichen Eheschliessungsrechts*, p. 177.

de Pierre Lombard [1] ». Ces analogies dans la structure des deux œuvres n'eussent pas suffi à nous autoriser à conclure à leur parenté, car peut-être eût-il fallu les expliquer par des habitudes d'esprit et des procédés de composition communs aux hommes du XIIe siècle. Mais maintenant, assurés pour d'autres motifs que Lombard a utilisé le *Décret* de Gratien, nous sommes en droit d'affirmer qu'il s'est inspiré de son devancier, non seulement sur certains points particuliers, mais dans la disposition générale de son œuvre [2]. Cela est d'ailleurs fort naturel, puisque Lombard se proposait de rendre à la théologie le même service que Gratien avait, quelques années plus tôt, rendu au droit canonique.

2° On a vu plus haut qu'à la doctrine de Gratien : *Matrimonium desponsatione initiatur, copula perficitur*, Pierre Lombard avait opposé très nettement la doctrine du mariage consensuel : *Consensus facit nuptias*. Il demeurait ainsi fidèle à l'enseignement des docteurs français du XIIe siècle, Yves de Chartres et Hugues de Saint-Victor [3]. Toutefois le principe que le mariage résulte uniquement du consentement des époux avait engendré des conséquences très fâcheuses au point de vue de la pratique ; c'est ainsi qu'Yves de Chartres avait été amené à considérer comme vraiment et indissolublement mariées deux personnes qui s'étaient simplement promis de s'épouser

---

1. SARTI et FATTORINI, *De claris Archigymnasii Bononiensis professoribus* (2e édition, 1896), I, p. 623.

2. La division de la première et de la troisième partie en distinctions est l'œuvre, non de Gratien, mais de son disciple Paucapalea. (Schulte, *Geschichte der Quellen*, I, p. 250). Mais cette division a été faite de très bonne heure ; elle existait avant 1150, c'est-à-dire avant la composition des *Sentences* de Pierre Lombard, qui, par conséquent a fort bien pu s'en inspirer.

3. Il ne faut pas oublier que la doctrine contraire avait été développée à plusieurs reprises, au IXe siècle, par Hincmar de Reims, dont les idées semblent avoir passé en héritage à l'école bolonaise.

un jour [1]. Aussi, pour tempérer ces inconvénients, sans toutefois abandonner le principe, l'école française imagina de distinguer entre deux espèces de fiançailles, les fiançailles *de præsenti* et les fiançailles *de futuro*, celles-là seulement produisant des effets irrévocables. Cette distinction, que n'a pas connue Yves de Chartres [2], a été attribuée à tort, soit à Pierre Lombard [3], soit à son prédécesseur Hugues de Saint-Victor [4]. En réalité, elle se trouve en germe dans les *Sentences* de Guillaume de Champeaux, le célèbre évêque de Châlons mort en 1121 [5]. Mais, quoique l'idée première ne lui en appartienne pas, Pierre Lombard a su fournir à cette distinction sa formule scolastique, en même temps qu'il en a développé les conséquences. S'il lui attribue un rôle considérable, c'est qu'il y voit un moyen de rendre acceptable la théorie du mariage purement consensuel en en atténuant les inconvénients pratiques. Ainsi l'importance qu'il donne à la distinction entre les deux espèces de fiançailles n'est que le résultat, indirect, mais certain, de son désir de mieux réfuter les idées de Gratien sur l'essence même du mariage.

---

1. Cf. *Yves de Chartres et le Droit canonique* dans la *Revue des Questions historiques*, 1er janvier 1898, p. 90 et s. Le texte le plus caractéristique des opinions d'Yves de Chartres est sa lettre 167 (*Patrologia Latina*, CLXII, c. 170).

2. Mort en 1116.

3. FREISEN, *op. cit.*, p. 181.

4. SEHLING, *op. cit.*, p. 71.

5. Voici le passage des *Sentences* de Guillaume de Champeaux qui contient le principe de cette distinction (Bibl. Nat., Latin 18113, fol. 7). « Quæritur si post fidem datam alteri aliquis cum aliqua fecerit conjugium, an tenendum sit. Ad quod respondetur quod fides duobus modis consideratur, fides pactionis et fides conjugii : fides pactionis qua promittit quod eam recipiet in suam; fides conjugii quod communi assensu accepit eam in suam sive in sollemnibus, sive ante. Si quis vero præterierit illam simplicem fidem pactionis et aliam duxerit, quam duxit teneat, et de fide penitentiam agat. Fidem vero conjugii nullomodo potest negligere, et si aliam duxerit, necessario illam dimittet et priorem suam ducet, et hoc qui non servat, anathema est ».

En cette matière, Pierre Lombard a toujours présentes à l'esprit les théories du *Décret*, soit pour les combattre, soit pour se les approprier.

DEUXIÈME PARTIE

LA DATE DU DÉCRET DE GRATIEN

C'est une question controversée depuis longtemps que celle de savoir à quelle époque fut composé le *Décret*. Déjà les historiens anciens étaient en désaccord sur ce point. Au xve siècle saint Antonin de Florence, dans sa chronique, se borne à émettre l'opinion que le *Décret* a été composé avant 1150[1]. Un peu plus tard, Tritenheim, dans son traité *de scriptoribus ecclesiasticis*, adopte l'année 1120[2]; il est vrai que dans sa biographie des hommes illustres de l'Ordre de Saint-Benoit, il se rallie à l'année 1127[3]. Vers le même temps Hartmann Schedel, l'érudit bien connu de Nuremberg, proposait l'année 1149[4].

---

1. *Chronica*, Pars III[a], tit. XVIII, c. 6.

2. Ed. de Bâle, 1494, fol. 57. Trittenheim ajoute de Gratien : floruit sub Henrico IV[o]. Or l'empereur Henri IV régna de 1053 à la fin de 1105. Gratien vécut bien après son règne. Je ne puis m'expliquer cette erreur de Trittenheim que par l'importance qu'il attacha, à tort, à la date 1105 dans la formule qui suit le c. 31, C. II, Q. 6 (voir plus loin, p. 36). D'ailleurs Trittenheim semble se rectifier lui-même en ajoutant : *anno Domini MCXX*, ce qui rend son texte assez incohérent.

3. *De viris illustribus Ordinis S. Benedicti*, livre II, c. 113. Ici Trittenheim ajoute : Claruit anno 1130. Il y a donc sur ce point complet désaccord entre ses deux ouvrages.

4. *Opus de temporibus mundi*, Nuremberg, 1493, fol. 201, v[o]

Sigonio [1], au xvie siècle, se déclare en faveur de l'année
1151 [2]. Telle fut l'opinion suivie par Fabricius, dom
Ceillier et beaucoup d'autres auteurs. Les *Correctores*
romains du *Décret* de Gratien semblent se ranger à cet
avis [3]. Cependant du Boulay, dans son *Histoire de
l'Université de Paris*, hésite à prendre parti [4], tandis que
Sarti, dans l'ouvrage qu'au siècle dernier il consacra aux
professeurs de Bologne, se prononce pour l'année 1140 [5].

L'accord ne règne pas davantage parmi les écrivains de
notre siècle. Il y a près de quarante ans, MM. Hinschius
et Thaner proposèrent sur ce point des solutions qui se rap-
prochaient beaucoup de celle de Sarti. M. Hinschius émit
l'avis que le *Décret* avait été cité dans une bulle d'Eugène III (1145-1153) ; il y avait donc des chances sérieuses
pour que ce recueil existât dès le début de ce pontificat [6].
Pour M. Thaner, le *Décret* a été rédigé avant la mort
d'Innocent II, c'est-à-dire avant 1143, sans doute entre les
années 1139 et 1143 [7]. Depuis lors MM. de Schulte [8],

1. Sigonius, *de episcopis Bononiensibus*, liv. II.
2. Fabricius, *Bibliotheca mediæ et infimæ Latinitatis*, III, p. 236.
Ceillier, *Histoire générale des auteurs ecclésiastiques* (2e édition) XIV,
p. 760.
3. Voir leur *admonitio ad lectorem*, où ils mettent d'abord en évi-
dence quelques textes favorables à 1151. Ils admettent d'ailleurs que
Gratien a commencé son œuvre en 1127 et l'a achevée en 1151.
4. Du Boulay, *Historia Universitatis Parisiensis*, II, p. 225.
5. Sarti, *de claris Archigymnasii Bononiensis professoribus* (2o edit.),
I, p. 54, 336 et s. Je me borne à quelques indications, sans prétendre
résumer l'avis de tous les auteurs sur ce point.
6. Hinschius, *Zeitschrift für Kirchenrecht*, II, p. 219. La décrétale
invoquée par M. Hinschius est citée dans les *Regesta* de Jaffé-Wattenbach sous le no 9660.
7. *Ueber Entstehung und Bedeutung der Formel* « *Salva sanctæ Sedis
auctoritate* », *in den päpstlichen Privilegien*, dans les *Sitzungsberichte* de
l'Académie Impériale de Vienne, classe de philosophie et d'histoire,
LXXI (1872), pp. 807-851.
8. Schulte, *die Geschichte der Quellen und Literatur des Canonischen Rechts*, I, p. 47-48.

Friedberg [1], Gietl [2] et le R. P. Denifle [3] ont, pour des raisons diverses, adopté l'opinion d'après laquelle la date de la composition du *Décret* ne s'éloigne guère de 1140. En revanche la doctrine favorable à l'année 1151, déjà soutenue par M. Maassen [4], a rallié les suffrages de MM. de Scherer [5], Laurin [6] et Vering [7]. En France, MM. Paul Viollet et Tanon estiment que le *Décret* a été rédigé un peu avant 1150 [8]. On voit qu'à l'heure présente, les historiens du droit canonique sont profondément divisés sur cette question. Aussi a-t-il paru utile d'en reprendre l'examen en tenant compte du résultat acquis dans la première partie de la présente dissertation : le *Décret* est nécessairement antérieur aux *Sentences* de Pierre Lombard.

I

Un point ne saurait être mis en doute ; le *Décret* de Gratien n'a pas été achevé avant 1139. En effet, il rapporte

1. FRIEDBERG, *Erörterungen über die Entstehungszeit des Decretum Gratiani*, dans les écrits consacrés à la mémoire de Lauhn ; écrits universitaires de Leipzig, 1882. Cf. *Zeitschrift für Kirchenrecht*, XVII (1882), pp. 397 et ss.

2. GIETL, *die Sentenzen Rolands, nachmals Papstes Alexander III* (Fribourg en Brisgau, 1891), p. xv.

3. DENIFLE, *Abaelards Sentenzen* dans l'*Archiv für Literatur- und Kirchengeschichte des Mittelalters*, I (1885), p. 603 et ss.

4. MAASSEN, *Paucapalea*, dans les *Sitzungsberichte* de l'Académie Impériale de Vienne, classe de philosophie et d'histoire, XXXI (1859), p. 474 et ss.

5. DE SCHERER, *Handbuch des Kirchenrechtes* (Gratz, 1885), I, p. 244.

6. LAURIN, *Introductio in Corpus juris canonici* (Fribourg en Brisgau et Vienne, 1889), p. 21 et ss.

7. VERING, *Lehrbuch des... Kirchenrechtes* (Fribourg en Brisgau, 1893, 3e édition), p. 86. La même opinion se trouve reproduite dans RICHTER-DOVE, *Lehrbuch des... Kirchenrechts* (8e édition, 1886), § 54, note 1, p. 146.

8. VIOLLET, *Histoire du droit civil français* (2e édition, 1893), p. 64. — TANON, *Rufin et Huguccio*, dans la *Nouvelle revue historique de droit français et étranger*, XII (1888), p. 822.

un certain nombre de décisions du concile général tenu au cours de cette année au palais du Latran.

D'autre part, il n'y a pas, dans le *Décret*, de décision à date certaine qui appartienne à une époque postérieure au concile de 1139. On a prétendu, à tort, qu'un fragment d'une décrétale d'Innocent II (C. XXXV, Q. 6, c. 8) devait être attribué à l'année 1142. Or il n'y a aucun motif pour assigner cette date au fragment en question. La prudence nous fait un devoir de considérer ce texte, avec les auteurs de la seconde édition des *Regesta* de Jaffé, comme susceptible d'être assigné à l'une des années de la période qui s'étend de 1138 à 1143 [1]. Le fait qu'il a été inséré dans le *Décret* ne suffit donc pas à démontrer que ce recueil est certainement postérieur à 1139 [2].

Ainsi pouvons-nous seulement nous tenir pour assurés que le *Décret* n'a pas été rédigé avant 1139. Il convient maintenant de nous demander si l'on peut déterminer l'époque à laquelle le *Décret* fut rédigé.

II

Pour résoudre cette question, un procédé s'impose. Il faut rechercher les plus anciens écrits dont les auteurs aient connu et cité le *Décret* de Gratien.

1° J'appelle d'abord l'attention du lecteur sur les conclusions qui peuvent être déduites de l'étude des *Sentences* de Pierre Lombard et du traité *de ordine canonicorum* de l'évêque Anselme de Havelberg.

A. — D'après la démonstration présentée ci-dessus,

---

1. Jaffé-Wattenbach, n° 8316.

2. Le c. 17 de la Cᵃ II, Q. 5, lettre d'Innocent II qui peut être datée de 1132 à 1143 (Jaffé-Wattenbach, *Regesta*, n° 8289) appartient à la série des *Paleæ*. Il ne figure donc point dans la forme primitive du *Décret*. Par suite, il n'y a pas à s'en préoccuper dans la question que nous discutons.

Pierre Lombard avait sous les yeux le *Décret* du maître bolonais quand il composa ses quatre livres de *Sentences*. La date
des *Sentences* est malheureusement incertaine. Toutefois
il n'est pas impossible d'arriver sur ce point à une estima-
tion approximative.

Pierre Lombard cite au cours de son ouvrage un traité
de saint Jean Damascène, *quem et papa Eugenius trans-
ferri fecit* [1]. Il s'agit d'Eugène III qui fit traduire
divers écrits du célèbre docteur par les soins d'un savant
bien connu, Burgundio de Pise [2]. Or, Eugène III occupa
le Saint-Siège de 1145 à 1153 ; c'est donc au cours de
cette période que fut exécutée la traduction demandée
par lui. Ainsi il est certain que les *Sentences* de Lombard
ne sont pas antérieures à l'année 1145.

Il n'est pas impossible de proposer ici une conjecture
qui permettrait de préciser davantage. S'il est une époque
de son pontificat où Eugène III s'occupa des doctrines de
l'Église orientale, ce fut en 1148 et en 1149. D'une part,
l'enseignement hétérodoxe de Gilbert de la Porrée avait à
cette époque rallumé en Occident les controverses trinitaires, dans l'histoire desquelles les Pères grecs jouent un
rôle si considérable ; d'autre part, la seconde croisade
appelait naturellement l'attention du Pape sur l'état du
christianisme byzantin. C'est lors de son séjour à Tuscu-
lum, au printemps de 1149 [3], qu'Eugène III ordonna à
l'évêque allemand, Anselme de Havelberg, de rédiger le
procès-verbal de conférences théologiques tenues jadis à

---

1. *Sentences*, I, D. XIX, c. 13. L'ouvrage de S. Jean Damascène
est encore cité dans les paragraphes suivants.

2. Sur ce personnage, voir SAVIGNY, *Geschichte des Römischen
Rechts im Mittelalter*, IV (2ᵉ édition), § 121, et FITTING, *Bernardus Cre-
monensis; Sitzungsberichte* de l'Académie de Berlin, 1894, II, p. 816 et s.

3. Voir sur ce point le témoignage d'Anselme de Havelberg, au
début de ses *Dialogi* (*Patrologia Latina*, CLXXXVIII, c. 1139). Sur
le voyage à Rome d'Anselme, qui fut envoyé d'Allemagne à Eugène III,
cf. BERNHARDI, *Konrad III*, p. 770.

Constantinople, auxquelles ce prélat avait participé en même temps que Burgundio de Pise [1]. N'est-il pas fort naturel de croire que c'est vers le même temps que le Pape demanda à Burgundio la traduction d'écrits contenant les enseignements de saint Jean Damascène sur la Trinité [2]? Et ne peut-on pas penser que cette demande fut adressée lorsque Eugène III passa à Pise à la fin de l'année 1148, revenant de France où les controverses trinitaires lui avaient donné de graves soucis ?

S'il en est ainsi, les *Sentences* de Pierre Lombard, postérieures à la traduction de l'œuvre de saint Jean Damascène, ne peuvent guère avoir vu le jour avant 1150. D'autre part, elles ne sont sûrement pas postérieures à 1158, année où leur auteur fut élu évêque de Paris ; de la préface de Pierre Lombard il résulte en effet que c'est, non un évêque, mais un professeur qui écrit, afin de répandre les bonnes doctrines par le livre en même temps que par la parole. J'estime d'ailleurs que leur origine doit être placée plus près de 1150 que de 1158. En effet, les livres des *Sentences* ne durent pas médiocrement contribuer à la réputation de leur auteur. Or nous voyons que cette réputation était déjà grande en 1152, époque à laquelle Eugène III manda à l'évêque de Beauvais de conférer une prébende au maître qui depuis longtemps consacrait toutes ses forces à l'étude de la théologie scolastique [3]. Ainsi, en 1152, la carrière de Pierre Lombard à Paris, dont en 1158 l'élection à l'épiscopat devait être le couronnement, était arrivée à son plein épanouissement.

1. Ces conférences avaient eu lieu en 1136 : cf. BERNHARDI, *Lothar von Supplinburg*, p. 599.

2. Savigny (*Geschichte des Römischen Rechts*, 2e édition IV, p. 402) donne cette traduction comme ayant été faite en 1150. Il emprunte sans doute cette affirmation à Casimir Oudin, qui déclare la traduction faite *circa annum 1150* (*Commentarius de scriptoribus Ecclesiæ antiquis*, Leipzig, 1722, I, c. 1738).

3. JAFFÉ-WATTENBACH, n° 9534 (19 janvier 1152).

Aussi semble-t-il très raisonnable de placer la publication des *Sentences* en 1150, ou en des années très voisines de cette date [1]. J'adopte d'autant plus volontiers cette manière de voir qu'elle se rapproche beaucoup de l'opinion proposée par un excellent érudit, fort versé dans l'histoire de la théologie du xiie siècle : je veux parler du R. P. Denifle, qui croit pouvoir assigner pour la rédaction des *Sentences* une année comprise entre 1145 et 1150 [2]. A mon sens, il faudrait plutôt dire 1150-1152.

B. — Le traité *de ordine canonicorum*, œuvre de l'évêque Anselme de Havelberg, contient, ainsi que l'a montré M. Friedberg [3], plusieurs passages rédigés au moyen de matériaux fournis par le *Décret*. Le chapitre XXIV de cet ouvrage reproduit, avec une attribution erronée, un fragment du traité de Julianus Pomerius sur la vie contemplative qui se retrouve identique dans le *Décret* avec la même erreur d'attribution [4]. Le chapitre XXV mentionne une decrétale d'Urbain II qu'Anselme avait citée, dans un précédent ouvrage, comme émanant de saint Urbain Ier, pape et martyr [5]; dans le *de ordine canonicorum*, il ne manque pas de dire que c'est incontestablement Urbain II qui en est l'auteur [6]. Or cette rectification dut

1. Du Boulai (*Historia Universitatis Parisiensis* II, p. 256) cite un fragment du *Dialogus subcælestis Hierarchiæ* de Pierre, évêque d'Orvieto au commencement du xve siècle, qui donne l'année 1152 pour date de la composition des *Sentences*. Cette date a été adoptée, sans autre motif, par M. l'abbé Protois, dans sa thèse pour le doctorat en théologie présentée en Sorbonne : *Pierre Lombard, évêque de Paris* (Paris, 1880, in-8), p. 89.

2. Article cité, dans l'*Archiv für Literatur und Kirchengeschichte*, I, p. 611.

3. *Op. cit.*, p. 7 et 11. Le traité d'Anselme de Havelberg est imprimé dans la *Patrologia latina*, CLXXXVIII.

4. C. I, Q. 2, c. 9, attribué faussement à Prosper.

5. Lettre d'Anselme à l'abbé Herbert de Huisbourg, écrite entre 1133 et 1138 : *Patrologia latina*, CLXXXVIII, c. 1123.

6. *Op. cit.*, c. 1110.

être provoquée par un fait extérieur, qui fut sans doute la publication du *Décret*, où figure cette décrétale sous le nom d'Urbain II [1]. Enfin, au chapitre XXVI de l'ouvrage d'Anselme se lit un canon d'un concile d'Autun qui semble n'avoir été inséré dans aucune collection autre que le *Décret* de Gratien [2]. Chacune de ces observations, à elle seule, ne suffirait pas à constituer une preuve péremptoire ; mais si on les rapproche, il est bien difficile de ne point constater dans ces trois chapitres les marques de l'influence du *Décret*.

Or le traité *de ordine canonicorum* a été rédigé, comme l'affirme son auteur [3], sous le pontificat d'Eugène III, c'est-à-dire entre le 15 février 1145 et le 8 juillet 1153. Il me semble même assez vraisemblable de penser que cet écrit fut composé vers la fin de 1149 ou le début de 1150, époque à laquelle Anselme, jusqu'alors fort occupé des affaires de Conrad III, tomba dans la disgrâce de son souverain, qui lui valut quelques mois de loisirs [4].

Des observations qui précèdent il résulte qu'un écrivain parisien, Pierre Lombard, et un évêque allemand, Anselme, ont, vers 1150 ou à une époque peu éloignée de cette date, connu et cité le *Décret* de Gratien. Pour qu'il en soit ainsi, il faut qu'avant cette année, le recueil canonique du maître bolonais ait eu le temps de se répandre

1. C. XIX, Q. 3, c. 2.
2. C. XIX, Q. 3, c. 1.
3. *Op. cit.*, c. 1116.
4. De 1145, année de l'avènement d'Eugène III, à 1149, Anselme est sans cesse occupé des affaires publiques ; il figure dans l'entourage de Conrad III, assiste à toutes les assemblées, prend part comme légat du Saint-Siège à la croisade dirigée en 1147 contre les Slaves (BERNHARDI, *Konrad III, passim*). C'est à la fin de 1149 que, tombé en disgrâce, il se retire pour quelque temps dans son diocèse. (Cf. *Wibaldi epistolæ*, édit. JAFFÉ, dans la *Bibliotheca rerum Germanicarum*, t. I, lettre n° 220). Les citations du *Décret* s'expliquent fort bien dès cette époque si l'on admet qu'Anselme a pu le connaître lors de son voyage en Italie et de son séjour en cour romaine au printemps de l'année 1149.

en Occident ; il faut que sa réputation ait pu s'affermir, non seulement en Italie, mais au delà des monts. Cela ne s'est pas fait sans doute du jour au lendemain ; aussi ne saurait-on nous accuser de témérité si nous concluons de ces observations que le *Décret* a dû être composé à une époque plus voisine de 1140 que de 1150.

2° Voici un autre argument qui consolide et précise cette conclusion :

La *Summa magistri Rolandi*, publiée il y a quelques années par M. Thaner [1], est une œuvre canonique composée d'après le *Décret* de Gratien par Roland Bandinelli, plus tard pape sous le nom d'Alexandre III. Or la *Somme* est certainement antérieure à 1159, date de l'élection de son auteur au suprême pontificat. En outre, il est moralement certain que cette œuvre, fruit des travaux de l'enseignement, fut composée avant 1153, époque à laquelle Roland devint chancelier de l'Eglise romaine ; un personnage aussi complètement mêlé aux affaires n'a guère le temps de publier des livres de pure spéculation [2]. M. Thaner va plus loin : pour des raisons qui me semblent très sérieuses [3], il estime que la *Summa* de maître Roland fut publiée avant 1148 [4].

---

1. *Die « Summa Magistri Rolandi »* ; Innsbruck, 1874, in-8.

2. Il semble de même naturel de croire que la *Summa* fut composée avant l'époque où Roland devint cardinal, c'est-à-dire avant 1150 (Cf. JAFFÉ-WATTENBACH, II, p. 20). Probablement la dignité éminente de Roland eût, dans le cas contraire, laissé sa trace dans le titre de son ouvrage ; d'ailleurs la *Summa* semble bien l'œuvre d'un professeur écrivant pour fixer son enseignement. Après 1150, Roland eut d'autres préoccupations. Dans le même sens, Tanon, *op. cit.*, p. 824.

3. Le principal argument de M. Thaner (p. XXXI et ss.) est déduit de ce que Roland considère en plusieurs endroits l'évêché de Modène comme existant. Or, cet évêché fut supprimé par une bulle d'Eugène III du 24 août 1148 (JAFFÉ-WATTENBACH, n° 9291) ; il ne fut rétabli qu'en 1155. Il en résulte que la *Summa*, qui ne peut être postérieure à 1155, doit être antérieure à 1148. M. Thaner confirme cet argument par d'autres observations.

4. Il existe un autre ouvrage de Roland, ses *Sententiæ* (ed. GIETL,

Il importe de remarquer que Roland, dans cet ouvrage où il résumait l'enseignement par lui donné à Bologne, cite l'œuvre de l'un de ses collègues bolonais, je veux dire la *Somme* de Paucapalea [1]. Or Paucapalea lui-même travaillait d'après le *Décret* de Gratien. Entre la rédaction du livre de Roland, antérieure à 1148, et la rédaction, qui la précéda, du *Décret* de Gratien, il faut laisser à la *Somme* de Paucapalea le temps de se produire ; pour cela quelques années étaient nécessaires. Aussi sommes-nous amenés par cette voie à placer l'achèvement du *Décret* en 1140 ou dans les années qui suivirent immédiatement, c'est-à-dire, approximativement, entre 1140 et 1143.

III

La conclusion qui vient d'être énoncée s'accorde fort bien avec le résultat d'observations faites par M. Thaner sur les bulles pontificales du xie et du xiie siècles [2]. D'après ces observations, il est certain que, jusqu'à la fin du pon-

---

die Sentenzen Rolands, Fribourg en Brisgau, 1891) qui est postérieur à la *Summa* (Cf. GIETL, p. vi). Le R. P. Denifle estime que les *Sentences* ont été rédigées au plus tard en 1142 (*op. cit.*, p. 604). Cela renverrait la composition de la *Somme* avant 1142, ce qui est difficile à admettre. M. Gietl (p. xvii) est d'avis que les *Sentences* ont été publiées vers 1150 ou 1151.

1. SCHULTE, *die Summa des Paucapalea über das Decretum Gratiani* (Giessen, 1890), p. ix et x. — MAASSEN, *Paucapalea*, p. 492 ; THANER, *die Summa*, p. xlv.

2. Voir la dissertation de M. Thaner citée plus haut ; p. 25 : *Ueber Entstehung und Bedeutung der Formel.*, etc. Je n'ai point cru devoir faire entrer en ligne de compte l'argument proposé jadis par M. Hinschius (voir ci-dessus, p. 25, note 6). En effet, d'après les travaux de MM. Maassen et Hüffer, il est fort douteux que la bulle d'Eugène III signalée par M. Hinschius cite le *Décret* de Gratien. Cf. Maassen, en deux articles : *Kritische Vierteliahrsschrift* de Pöszl, V (année 1863), p. 213 et s., et *Zeitschrift für Kirchenrecht*, II, p. 335 ; HÜFFER, *Beiträge zur Geschichte der Quellen der Kirchenrechts* (Münster, 1862), p. 123 et s.

tificat d'Innocent II (1143), la chancellerie romaine n'a employé dans les bulles la réserve : *Salva Sedis apostolicæ auctoritate*, qu'accidentellement, selon les circonstances, quand cette réserve était appelée par le contenu de l'acte[1]. Au contraire, à dater du pontificat de Célestin II qui, en 1143, succéda à Innocent II, cette clause se retrouve dans l'immense majorité des bulles, quel qu'en soit l'objet. Devenue de style, elle a sa place régulière au cours de la formule finale des bulles, à la fin de la phrase : *Decernimus ergo...* Elle prend ainsi un sens général et abstrait qu'elle ne possédait pas auparavant ; son rôle est de rappeler qu'en vertu de la plénitude de leur puissance, les Papes gardent toujours le droit de revenir sur les concessions de privilèges qu'ils accordent.

Ainsi cette formule est l'expression d'une doctrine, d'ailleurs affirmée à diverses reprises quelques années auparavant au cours de la querelle des investitures, d'après laquelle le Pape, loin d'être lié par les canons, en est au contraire le maître, si bien qu'il peut, suivant les circonstances, les appliquer ou y déroger. Or, dans son *Décret*, Gratien fonde sur cette théorie deux de ses décisions : d'une part, l'Église romaine peut révoquer les privilèges octroyés par elle ; d'autre part, les canons des conciles sont toujours censés contenir la réserve *nisi auctoritas Romanæ ecclesiæ aliter fieri mandaverit vel permiserit*[2]. Un tel enseignement était bien fait pour donner une importance de premier ordre à la réserve : *salva Sedis Apostolicæ auctoritate*.

M. Thaner a précisément rapproché ces deux faits ; l'usage, qui se généralise, d'insérer cette réserve dans les actes du Saint-Siège, et l'enseignement formulé par

2. *Dicta Gratiani post* c. 21, C. XXV, Q. 2 ; — *post* c. 16, C. XXV, Q. 1.

1. M. Sägmüller a critiqué sur ce point les conclusions de M. Thaner : *die Idee Gregors VII vom Primat; Theologische Quartalschrift*, LXXVIII (1896), 577 et s.

Gratien. Il en a déduit que l'usage était la conséquence de l'enseignement. Or, on l'a vu, l'usage s'établit dès l'avènement de Célestin II (1143); c'est donc que l'enseignement était déjà répandu à cette époque. M. Thaner en conclut que l'ouvrage de Gratien fut rédigé dans les dernières années du pontificat d'Innocent II, le prédécesseur immédiat de Célestin, c'est-à-dire entre 1139 et 1143.

Cette argumentation de M. Thaner n'a pas convaincu tout le monde. Sans doute, isolée, elle ne fournit pas une démonstration péremptoire de la conclusion que l'auteur en prétend tirer : peut-être serait-il téméraire de rattacher, sans autre motif, à l'apparition du *Décret* de Gratien l'innovation qui se produisit dans les usages de la chancellerie romaine. Mais on ne saurait nier que l'opinion de M. Thaner emprunte beaucoup de force aux considérations développées plus haut, d'après lesquelles le *Décret* a été vraisemblablement rédigé à une date voisine de 1140. Tous ces arguments se confirment et s'appuient mutuellement, parce que tous reposent sur des faits dont l'explication n'est facile que si l'on tient le *Décret* pour une œuvre contemporaine des dernières années d'Innocent II (qui mourut en 1143). Il nous reste à nous demander s'il existe des raisons de rejeter cette opinion.

IV

On trouve dans le *Décret* des formules d'actes concernant les appels qui semblent devoir fournir quelques renseignements sur la date de composition de ce recueil [1].

La première de ces formules nomme un prélat connu, Henri, qui fut évêque de Bologne de 1130 à 1145 [2]. On en peut induire que le *Décret* fut rédigé après 1129, ce qui ne nous apprend pas grand'chose. D'autre part, il est pro-

---

1. Ces formules suivent, dans le *Décret*, le c. 31 de la C. II, Q. 6.
2. UGHELLI, *Italia sacra*, II, c. 20.

*

bable, mais non absolument certain, que Gratien a composé sa formule en y insérant le nom de l'évêque qui alors occupait le siège de Bologne ; ceci revient à dire que vraisemblablement cette formule, telle qu'elle se présente dans l'œuvre de Gratien, date, au plus tard, de 1145.

La seconde formule mentionne deux prélats, à savoir : Adelme, évêque de Reggio, de 1130 au commencement de 1140, et Gautier, archevêque de Ravenne, de 1119 à 1145 [1]. Il y a donc tout lieu de croire qu'elle a été empruntée à un acte datant d'une année comprise entre 1130 et 1140. Le résultat de ces observations se concilie sans peine avec l'opinion qui place l'origine du *Décret* vers 1140.

En ce qui touche la seconde formule, ne serait-il pas permis de préciser davantage ? Elle se termine, en effet, par une date comprenant trois éléments, à savoir :

Le quantième du mois, 30 avril, *pridie kalendas Maii* ;

Le jour de la semaine, mercredi, *feria quarta* ;

L'année de l'Incarnation. Sur l'indication de cette année, les manuscrits ne sont pas d'accord. Voici un exemple des divergences qu'ils présentent. De deux manuscrits du xiiᵉ siècle conservés à la Bibliothèque de Grenoble [2] l'un porte la date 1105, l'autre la date 1128. C'est la date 1105 qui a été admise par M. Friedberg dans sa récente édition du *Décret*. Les anciennes éditions donnaient 1161, millésime que les *Correctores Romani* ont transformé en 1141 [3].

---

1. UGHELLI, *Italia sacra*, II, c. 302 et s., 365 et s.

2. Le ms. nᵒ 474 donne la date 1128 ; le nᵒ 475 donne la date 1105.

3. Il est à remarquer que c'est la date 1105 qui a été insérée par Laborans dans sa compilation, remaniement du *Décret* de Gratien, dont le manuscrit unique est conservé aux Archives du Révérendissime Chapitre de la basilique de S. Pierre du Vatican, ms. C. 110. Donc Laborans, qui rédigea sa compilation de 1162 à 1182, possédait un manuscrit de Gratien portant comme date 1105. (Cf. THEINER, *Disquisitiones criticæ in præcipuas canonum et decretalium collectiones*, p. 419).

Il faut écarter résolument 1105, 1128,, 1161 comme ne convenant pas aux noms des évêques cités dans la formule. D'ailleurs, en aucune de ces années, soit d'après le style florentin, soit d'après le style pisan, le 30 avril ne tombe un mercredi. Cette coïncidence se présente en 1141 d'après le style florentin ; mais comme Adelme n'était plus alors évêque de Reggio, la formule peut difficilement être attribuée à cette année. Dans la période 1130-1140, il n'y a que l'année 1130 (style florentin) dont le 30 avril soit tombé le mercredi. Si l'on tient absolument à compléter la formule par une date en harmonie avec les mentions qui s'y trouvent, le plus sage est, je crois, de s'en tenir à cette année [1]. Il n'est d'ailleurs nullement invraisemblable d'admettre que Gratien, rédigeant son *Décret* vers 1140, ait emprunté un exemple à un acte datant de 1130.

V

Ainsi les formules insérées dans le *Décret* ne fournissent aucune objection contre l'opinion d'après laquelle ce recueil aurait été rédigé à une époque voisine de 1140. Interrogeons maintenant les textes, étrangers au *Décret*, qui prétendent indiquer la date de la composition de cet ouvrage. Ces textes peuvent être répartis en deux groupes, selon qu'ils appartiennent au xiie siècle ou à un siècle postérieur.

Ier groupe. Textes datant du XIIe siècle.

1° Un moine de l'abbaye du Bec, Etienne de Rouen, a

---

1. Sinon il faut supposer, ce qui est peu vraisemblable, que Gratien a complété sa formule en y indiquant une année quelconque, sans se préoccuper de la mettre d'accord avec les personnages qu'il citait et que lui-même avait connus. Peut-on penser qu'un de nos contemporains qui composerait un formulaire de procédure s'aviserait, s'il rédigeait une formule au nom de M. Mazeau, premier président de la Cour de Cassation en 1898, de la dater de 1850 ?

rédigé, au temps du pape Alexandre III, mais après 1168, un poème intitulé *Draco Normannicus* où il traite de l'histoire des Normands. Il y signale le *Décret* de Gratien dans un passage qu'il importe de faire connaître au lecteur.

Le poète y mentionne d'abord le concile que le pape Innocent II tint en 1131 dans la ville de Reims; par une singulière erreur, il le place à Paris.

> Hac tunc concilium tenet Innocentius urbe [1].
> Præsul et is summus Urbis et Orbis erat.

Ensuite l'auteur décrit en vers pompeux les travaux des légistes qui à cette époque reviennent à l'étude du droit de Justinien. Puis il continue :

> Hinc fluvius torrens Gratianus ad alta redundat
>   Quo sine nil leges, nil ibi jura valent;
> Fons Decretorum, totius juris abyssus
>   Luminis ecclesiæ splendida stella micat.
> Affluit, exornat, distinguit, terminat, arcet
>   Verbis, flore, locis, sensibus, epylogis.
> Ut jus jure docet, pro causa quisque laborat,
>   Partem nempe suam firmat, adauget, init.
> Hæc pater Innocuus componit, judicat, urget,
>   Lites, facta, modum fœdere, jure, fide.
> Hujus apostolici manibus rex inde sacratur
>   Ludovicus, honor maximus iste troni [2].

Que le lecteur veuille bien remarquer l'ordre des idées développées dans ce passage. Après avoir signalé le concile de 1131, après avoir célébré l'œuvre des légistes et celle de Gratien, Étienne revient au rôle d'Innocent II et rappelle que ce pontife a lui-même sacré Louis-le-Jeune en 1131. Ainsi cet éloge de Gratien est compris entre deux mentions, toutes deux relatives à Innocent II et à l'année

----

1. Ce mot, d'après les vers qui précèdent, ne peut se rapporter qu'à Paris.

2. *Monumenta Germaniæ, Scriptores*, XXVI, p. 163.

1131. Évidemment dans la pensée de l'auteur, Gratien, s'il n'a rédigé son œuvre vers 1131, l'a à tout au moins composée sous le pontificat d'Innocent II, qui, on le sait, mourut en 1143.

2° Un autre historien, qui fut aussi moine à l'abbaye du Bec et devint ensuite abbé du Mont-Saint-Michel, Robert de Torigny, rapporte à l'année 1130 la composition du *Décret* qu'il mentionne en ces termes : « Gratianus episcopus Clusinus coadunavit Decreta ». Sans doute ce témoignage contient une erreur certaine : Gratien, sans doute originaire de Chiusi, ne fut pas évêque. Mais, rapproché du texte d'Étienne de Rouen, il n'en démontre pas moins qu'à l'abbaye du Bec, vers 1170, on tenait le *Décret* pour une œuvre de l'époque d'Innocent II [1].

3° Le canoniste Huguccio a laissé une *Somme* sur le *Décret* de Gratien, achevée vers 1187 selon M. de Schulte, après 1190 selon M. Maassen [2]. Or, à propos du c. 31, C. II, Q° 6, Huguccio, qui avait sous les yeux un manuscrit donnant la date 1105 à la formule insérée par Gratien dans son ouvrage, ajoute cette observation : « Credo hic esse falsam litteram ; nec credo quod tantum temporis effluxerit ex quo liber iste compositus est, cum fuerit compositus domino Jacobo Bononiensi jam docente in scientia legali et Alexandro tertio Bononiæ residente in cathedra magistrali in divina pagina ante episcopatum ejus [3] ». Ainsi, d'après Huguccio, Gratien rédigea son recueil alors que Jacques (de Porta Ravennate) commençait d'enseigner le droit civil à Bologne, et

---

1. *Monumenta Germaniæ, Scriptores*, VI, p. 490.

2. SCHULTE, *Geschichte der Quellen*, I, p. 161 et s. — MAASSEN, *Beiträge zur juristischen Literargeschichte des Mittelalters*, dans les *Sitzungsberichte* de l'Académie impériale de Vienne, classe de philosophie et d'histoire, XXIV (1857), p. 45.

3. Texte cité par tous les auteurs : cf. MAASSEN, *Beiträge*, p. 452 ; LAURIN, *op. cit.*, p. 23, note 6, etc.

alors que Roland, le futur Alexandre III, y enseignait la théologie.

En ce qui touche Roland, sa carrière de professeur prit fin au plus tard vers l'automne de 1150, époque à laquelle il apparaît comme cardinal du titre des SS. Côme et Damien [1]. Il faut donc conclure de l'affirmation très nette de Huguccio que le *Décret* était rédigé avant le milieu de l'année 1150. D'ailleurs Roland fut un professeur de grande réputation. Or, comme il n'acquit pas ce renom en un jour, il n'est nullement exagéré de croire que Roland enseigna dix ou quinze ans à Bologne. Très vraisemblablement il y enseignait déjà vers 1140 [2].

Quant au célèbre jurisconsulte Jacques de Porta Ravennate, il était déjà connu et célèbre en 1151 [3]. Les débuts de sa carrière, auxquels fait allusion Huguccio par ces mots *jam docente*, se placent donc tout naturellement à une époque voisine de 1140.

Ainsi l'interprétation la plus simple à donner du texte de Huguccio consiste à dire que le *Décret* fut rédigé vers 1140.

Ce sont là les seuls témoignages suffisamment précis d'auteurs du XIIe siècle qui puissent être produits dans ce débat [4]. Les deux premiers témoignages, qui par leur origine se rattachent à l'abbaye du Bec, donnent à pen-

---

1. Roland apparaît le 23 octobre 1150 comme cardinal des SS. Côme et Damien ; en 1151, il est cardinal de S. Marc. JAFFÉ-WATTENBACH, II, p. 20.

2. Sans doute deux textes de 1140 à 1147 nous le montrent en possession d'un canonicat à Pise ; ce titre ne l'empêchait pas d'enseigner à Bologne, grâce aux dispenses qu'accordait le Saint-Siège.

3. SARTI, *de claris Archigymnasii Bononiensis professoribus* (2e édition), I, p. 54. — SAVIGNY, *Geschichte des Römischen Rechts* (2e édition), II, p. 142 et 144.

4. Il convient de signaler aussi le témoignage de Gervais de Canterbury d'après lequel Vacarius, Gratien et Roland Bandinelli auraient fleuri tous trois au temps de l'archevêque de Canterbury Théodbald,

ser que Gratien accomplit son œuvre sous Innocent II,
c'est-à-dire avant l'automne de 1143. Le dernier, celui de
Huguccio, dépose en faveur d'une date voisine de 1140.
Ainsi les sources datant du siècle où vécut Gratien sont
décidément favorables à l'opinion d'après laquelle il
aurait accompli son œuvre vers 1140. Rappelons-nous
qu'il y a travaillé certainement après le concile de Latran
tenu en 1139. Nous sommes ainsi amené à conclure que
le *Décret*, composé sous Innocent II, a été terminé entre
1139 et 1143.

IIe *groupe. Textes postérieurs au XIIe siècle.*

Pour rendre l'exposition plus claire, il est utile de
répartir ces textes en quatre séries. La première com-
prendra les fragments empruntés à des auteurs qui présentent le *Décret* comme antérieur à 1150. Viendront
ensuite deux séries où seront respectivement placés les
textes qui font remonter le *Décret* aux années 1150 et
1151. Enfin dans la dernière série figureront les textes
d'après lesquels le *Décret* aurait été composé postérieurement à cette époque.

Ire Série.

Cette série contient les textes, postérieurs au xiie siècle,
d'après lesquels le *Décret* fut rédigé avant 1150.

1° Un catalogue des Papes et des Empereurs, dressé
au xiiie siècle en Italie, après avoir mentionné le pontificat de Calixte II (1119-1123), ajoute : « Hoc tempore
Gratianus compilavit corpus decretorum » [1]. Cette date

de 1139 à 1161 (*Monumenta Germaniæ, Scriptores*, XXVII, p. 315). Ce
témoignage date vraisemblablement de la fin du xiie siècle; mais il est
trop vague pour qu'il soit possible d'en tirer parti.

1. *Monumenta Germaniæ, Scriptores*, XXII, p. 361.

est prématurée; en tous cas nous savons que le *Décret* n'a pas été achevé avant 1139.

2° Burchard, écrivain souabe d'origine qui composa la chronique d'Ursperg, attribue la composition du *Décret* à l'époque où régnait l'empereur Lothaire II (1125-1137). Voici ses expressions : « Hujus temporibus magister Gratianus canones et decreta quæ variis libris erant dispersa in unum corpus compilavit »[1]. Sans doute ce témoignage doit être rectifié sur un point : il est certain que le *Décret* ne fut pas terminé avant 1139, année postérieure à la mort de Lothaire II. Mais, sous cette réserve, il dépose en faveur d'une opinion qui placerait la composition du *Décret* entre 1130 et 1140. Or, quoique la chronique d'Ursperg ait été rédigée au commencement du xiiie siècle, l'assertion de Burchard ne mérite pas moins d'être prise en considération sérieuse; en effet, il était bien renseigné sur les hommes et les choses d'Italie, où il voyagea[2]. Remarquez d'ailleurs que ce texte s'accorde avec les témoignages analysés plus haut des écrivains du xiie siècle.

IIe Série.

On trouve dans cette série les textes, postérieurs au xiie siècle, qui placent la composition du *Décret* en 1150.

1° Jean le Teutonique, professeur à Bologne, a écrit, dans les quinze premières années du xiiie siècle, un *Apparatus* sur le *Décret*[3] qui, devenu la glose ordinaire, fut au Moyen-Age étroitement lié au texte de Gratien : souvent il y reproduit la glose de Huguccio. C'est précisément ce qu'il fait en marge du texte de Gratien (C. II,

---

1. *Monumenta Germaniæ, Scriptores,* XXIII, p. 342.

2. Telle est l'opinion de WATTENBACH, *Deutschlands Geschichtsquellen,* II (6e edition, 1894), p. 449.

3. MAASSEN, dans BEKKER et MUTHER, *Iahrbücher des gemeinen deutschen Rechts,* III, p. 244, note 41. — SCHULTE, *Geschichte der Quellen,* I, p. 173-175.

Q. 6, c. 31) déjà cité à l'occasion des formules qui y sont contenues. Toutefois il ne se borne pas à répéter, en en indiquant l'auteur, la mention d'Huguccio d'après laquelle le *Décret* fut rédigé à l'époque où Roland Bandinelli et Jacques de Porta Ravennate enseignaient à Bologne ; il ajoute : « Et fuit anno Domini MCL, ut ex chronicis patet ».

Il paraît invraisemblable que Jean le Teutonique ait puisé la date 1150 dans une chronique antérieure ; les hommes du xii⁰ siècle, comme on l'a vu plus haut, ne semblent pas l'avoir connue. Peut-être l'auteur est-il arrivé à cette date par un raisonnement fort peu rigoureux dont il n'est pas impossible d'indiquer la genèse. Jean avait sous les yeux le texte où Huguccio donne l'enseignement de Roland et de Jacques à Bologne comme contemporain de la rédaction du *Décret* : il savait d'autre part que Roland, devenu cardinal en 1150, avait dû quitter Bologne à cette époque. Logiquement il avait seulement le droit d'en conclure que le *Décret* avait été composé au plus tard en 1150. J'imagine, avec M. Thaner [1], qu'il en aura conclu, fort gratuitement, je le reconnais, que le *Décret* fut rédigé en 1150. En tous cas, cette date ne mérite pas notre adhésion, tant qu'elle ne sera pas établie sur des motifs sérieux et sur des témoignages remontant au xii⁰ siècle.

2° La même date est donnée par deux textes d'origine anglaise sur lesquels Phillips a appelé l'attention il y a bien longtemps [2]. Le premier est tiré de la relation d'une assemblée tenue en 1021 à Winchester par le roi Canut le Grand : cette relation fut composée au monastère de

---

1. **Thaner**, *op. cit.*, p. 832, note 3. Peut-être aussi la date MCL n'est-elle qu'une correction de la date MCV que porte la formule citée plus haut, p. 36. Supposez que Jean le Teutonique ait trouvé, comme Huguccio, cette date erronée : une simple substitution de lettre lui permettait de rectifier l'erreur et de proposer une date en tout cas moins invraisemblable.

2. *Archiv für Katholisches Kirchenrecht*, XII, p. 474 et 475.

Saint-Edmond de Suffolk, auquel, en cette circonstance, un privilège avait été accordé[1]. Il y est dit expressément que l'assemblée se réunit « centum et triginta annos ante compilationem decretorum quæ anno Domini MCL fuerunt compilata, anno septimo pontificatus Eugenii tertii, et ante compilationem canonum quorumcumque ». (Il est à remarquer que si l'on ajoute 130 ans à 1021, on obtient, non 1150, mais 1151, et que la septième année du pontificat d'Eugène III chevauche sur 1151 et 1152). Le second texte, extrait d'un registre du même monastère[2], est mentionné comme rédigé en octobre 1071, c'est-à-dire : « per septuaginta octo annos ante compilationem decretorum vel aliorum canonum quorumcumque », ce qui nous reporte en 1049-1050. Phillips, en présentant ces textes qui évidemment dépendent l'un de l'autre, les donne comme rédigés au xiiie ou au xive siècle. Il y a donc tout lieu de croire qu'ils ont été inspirés par la glose de Jean le Teutonique : il ne faut pas leur reconnaître plus d'autorité qu'à cette glose.

IIIe Série.

On a réuni dans cette série les textes, postérieurs au xiie siècle, d'après lesquels le *Décret* aurait été rédigé en 1151.

1° Il convient de citer en première ligne un extrait de la chronique de Martin le Polonais. Cet auteur, que le pape Clément IV (1265-1268) invita à écrire l'histoire, s'exprime ainsi[3].

« Hoc anno 1151, Gratianus monachus de Clusa civitate Tusciæ natus Decretum composuit, ut dicit Hugocio, 2, quæstione 6, capitulo *Forma* ». (C. II, Q. 6, c. 31.)

---

1. Hardouin, *Concilia*, VI, p. i, c. 825.
2. Dugdale, *Monasticon Anglicanum* (Londres, 1849), III, p. 136.)
3. *Monumenta Germaniæ, Scriptores*, XXII, p. 469.

Ce texte est évidemment fondé sur la glose ordinaire ; en effet, comme elle, il cite Huguccio, d'ailleurs inexactement, puisque la date contenue dans la glose provient, non d'Huguccio, mais de Jean le Teutonique. J'ignore pourquoi notre auteur a remplacé 1150 par 1151 : est-ce erreur matérielle, est-ce rectification faite de propos délibéré ? En tout cas, il ne faut pas donner à cette assertion une autre créance que celle, très médiocre, que mérite Jean le Teutonique.

2° Au moins d'après certains manuscrits, la chronique de S. Bavon de Gand, écrite vers la fin du xiiie siècle par Jean de Thielrode, contient une mention analogue : « Gratianus monachus de Guisa civitate Tusciæ natus, decretum composuit hoc anno MCLI [1] ». Cette mention me paraît se rattacher à la précédente ; il n'y a pas lieu de s'en étonner, aucun ouvrage historique du moyen âge n'ayant été plus répandu que la chronique de Martin le Polonais, qui ne tarda pas à exercer son influence dans toutes les parties du monde chrétien.

3° On lit dans l'ouvrage historique intitulé *Pomœrium Ecclesiæ Ravennatensis* : « Anno Christi millesimo quinquagesimo primo, Gratianus monachus de Classa civitate Tusciæ natus Decretum composuit apud Bononiam in monasterio S. Felicis ».

Le *Pomœrium* est l'œuvre de Gervasio Ricobaldi de Ferrare, né vers 1245, mort après 1318, Gervasio rédigea la première édition de son œuvre en 1297 ; depuis lors il ne cessa de l'augmenter par des additions successives. La mention concernant le *Décret* appartient à la première rédaction [2]. Si le témoignage de cet écrivain possède une

---

1. Cf. PHILLIPS, *Kirchenrecht*, IV, p. 146, note 23.

2. On trouvera ce texte dans MURATORI, *Rerum Italicarum Scriptores*, IX, p. 123. Sur les transformations successives de cet ouvrage, telles qu'elles résultent des divers manuscrits du Vatican, j'ai reçu de mon confrère, M. de Manteyer, les renseignements les plus intéressants ; j'espère qu'il en fera profiter le public. (Voir aussi sur cette question

haute valeur lorsqu'il s'agit de faits qui lui sont contemporains, il en est tout autrement pour l'histoire du passé [1]. En ce qui concerne le *Décret*, Gervais semble d'ailleurs avoir suivi le texte, bien connu de son temps, de la chronique de Martin le Polonais.

4° Un manuscrit, transcrit au xvᵉ siècle, d'une œuvre du xiiᵉ, le *Panthéon* de Godefroy de Viterbe, contient des additions, au nombre desquelles se trouve ce passage : « Anno Domini 1151, Gracianus monachus de Clusa civitate Tusciæ natus Decretum composuit [2] ». Ce témoignage serait important s'il émanait de Godefroy de Viterbe ; mais, n'étant qu'une addition du xiiiᵉ ou du xivᵉ siècle, qui procède sans doute, directement ou indirectement, de Martin le Polonais, il ne présente aucun intérêt.

5° Les *Correctores Romani*, qui ont donné au xviᵉ siècle une édition du *Décret* de Gratien, ont signalé dans leur introduction un « très ancien manuscrit » de cet ouvrage, conservé au Vatican, où se lit le titre suivant : « Decretum Gratiani, monachi Sancti Felicis Bononiensis, ordinis S. Benedicti, compilatum in dicto monasterio anno Domini millesimo centesimo quinquagesimo primo, tempore Eugenii papæ tercii ».

Ce manuscrit est le Vatic. latin 1365, sur lequel je dois de précieuses indications à la grande obligeance de mon confrère, M. de Manteyer, membre de l'École française de Rome. J'en reproduis la substance, afin de mettre le lecteur en mesure d'apprécier la valeur de l'observation présentée par les *Correctores*.

une communication de M. Paul Fabre faite à l'Académie des Inscriptions et Belles-Lettres dans la séance du 30 octobre 1891 : *Sur un manuscrit nouveau du chroniqueur Ricobaldo de Ferrare* : dans les *Comptes rendus*, 1891, 4ᵉ série, XIX, p. 378-384.)

1. On y trouve parfois des récits comme celui-ci : « Anno Christi MCXXXIX, deffunctus est Johannes de Temporibus qui annis vixit CCCLXI, cum armiger fuerit Karruli magni filii Pippini ».

2. *Monumenta Germaniæ, Scriptores*, XXII, p. 18 et 260.

Le manuscrit du *Décret* qui porte la côte Vatic. 1365 se compose essentiellement de deux parties d'âge très différent. La première, de beaucoup la plus considérable (fol. 11-591), présente toutes les apparences de la fin du xiiie ou du commencement du xive siècle ; la seconde se compose de dix-sept feuillets de vélin très blanc, divisés en deux séries dont l'une, comprenant douze feuillets, est placée en tête du manuscrit (2 feuillets blancs et 10 feuillets numérotés de 1 à 10), et l'autre, comprenant cinq feuillets, se trouve à la fin du volume (fol. 592 et s.). Or ces deux séries présentent un type de l'écriture dite *humaniste*, dont, au jugement du R. P. Ehrle, on y retrouve tous les caractères courants au xve siècle.

C'est seulement dans cette seconde partie que se rencontrent les mentions qui ont attiré l'attention des *Correctores*. La première série comprend les *Paleæ Decretorum*. En tête, on lit (fol. 1 r°) : « Decretum Gratiani monachi Sancti Felicis Bononiensis ordinis Sancti Benedicti compilatum in dicto monasterio anni Domini 1151, tempore Eugenii pape III ». La seconde série contient une *Somme* sur le *Décret* ; elle s'ouvre (fol. 592, r°) par ces mots : « Decretum Gratiani monachi eruditissimi ordinis Sancti Benedicti in monasterio Sancti Felicis Bononiensis compositum, anno Domini MCLI tempore Eugenii pape III ».

Ainsi ces deux mentions ne datent que du xve siècle. Leur témoignage dans la question qui nous occupe est donc postérieur de trois cents ans à l'époque de Gratien : on comprend qu'il ne jouisse pas d'une grande autorité. D'ailleurs, il y a bien des chances pour qu'il ne soit qu'un écho de l'assertion de Martin le Polonais.

6° J. A. Riegger [1] prétend avoir vu dans un manuscrit de

---

1. Voyez la dissertation *de Gratiano auctore Decreti* écrite en 1769, dans les *Opuscula ad historiam et jurisprudentiam... spectantia* (Fribourg en Brisgau, 1773), p. 270.

la bibliothèque impériale de Vienne un manuscrit de Gratien où une main contemporaine de l'auteur aurait écrit ce titre : « Liber decretorum per Graciarum Clus. monachum S. Felicis civitatis Bononiensis ordinis S. Benedicti fuit compilatus in eodem monasterio, anno Domini MCLI ». Il m'a paru utile de contrôler cette assertion. Des recherches faites avec une extrême obligeance par M. le Dr Göldlin [1], chef du département des manuscrits de la Bibliothèque impériale de Vienne, et par M. A. Goldmann, employé aux Archives impériales de Vienne, il résulte que la mention signalée par Riegger n'a pu jusqu'ici être retrouvée dans les manuscrits de Gratien conservés dans ce dépôt. Il n'y a donc pas lieu pour le moment de tenir compte de cette mention, qui, d'ailleurs, si elle existe, procède sans doute de la même origine que les mentions du manuscrit 1365 du Vatican.

7° On a encore invoqué dans cette discussion le texte de l'inscription funéraire de Gratien conservée dans l'église San Petronio de Bologne [2]. D'après cette inscription, le *Décret* aurait été rédigé en l'an 1151. Mais cette mention ne tire pas à conséquence ; en effet, l'inscription où elle figure a été composée seulement à la fin du xv° siècle, en 1498, à l'occasion de la restauration du monument consacré à la mémoire de Gratien.

Il résulte de cet examen des sources que la date 1151 est donnée pour la première fois, dans la seconde moitié

---

1. Les recherches de MM. Göldlin et Goldmann, à qui j'offre l'expression de ma vive gratitude, ont porté sur les manuscrits de Vienne n°ˢ 2057, 2060, 2061, 2069, 2070, 2082, 2102, 2131, 2246. On trouve à la vérité dans le ms. n° 2060, du xiv° siècle, au fol. 320, la mention : « Explicit decretum compilatum à Graciano monacho monasterii Sancti Felicis de Bononia. Deo gracias, Amen ». Il s'en faut que ce soit la mention signalée par Riegger.

2. Sarti, *de claris Archigymnasii Bononiensis professoribus* (2° édition, 1896), I, p. 338.

du xiii⁰ siècle, par Martin le Polonais, l'un des historiens les plus répandus au moyen âge. Martin fonde sa version sur le témoignage de la glose, dont il fait une citation inexacte, puisqu'il change 1150 en 1151. C'est par lui que la date 1151 a été vraisemblablement mise en circulation. Elle n'est pas plus fondée sur les sources du xii⁰ siècle que la date 1150. D'ailleurs elle s'accorde mal avec l'affirmation de Huguccio, d'après laquelle Gratien a composé son œuvre alors que Roland Bandinelli enseignait encore à Bologne. Or, comme on l'a dit plus haut, Roland quitta Bologne au plus tard en 1150. On comprend que nous refusions à adopter une opinion aussi insuffisamment établie.

IV⁰ Série.

J'en viens maintenant à l'énumération des textes qui placent la composition du *Décret* à une époque postérieure à 1151.

1° En première ligne il convient de citer un passage des *Flores temporum*, œuvre d'un frère mineur qui écrivait en Souabe à la fin du xiii⁰ siècle. On lit, à la suite de la mention du pontificat de Lucien II (1144-1145) : « Claret Petrus Lombardus... cujus germanus dicitur esse frater Gratianus monachus qui Decretum composuit ex dictis sanctorum et summorum pontificum, anno Domini 1152, Require II, q. VI, *Forma*, apparatum. Hug(uccionis) [1] ». Ce texte semble n'être qu'une reproduction erronée du renseignement fourni par la glose ordinaire. Il est intéressant parce qu'on y trouve la trace de la légende qui fait de Gratien un frère de Pierre Lombard.

2° Dans sa *Chronica Minor*, le frère mineur d'Erfurt, qui écrivait dans la seconde moitié du xiii⁰ siècle, rapporte l'œuvre de Gratien, comme celle de Pierre Lom-

____

1. *Monumenta Germaniæ, Scriptores*, XXIV, p. 247.

bard, au temps de Frédéric Barberousse, qui régna de 1152 à 1190 [1].

3° Une mention analogue se trouve dans l'œuvre de Sigefroy de Ballhausen, en Thuringe, qui écrivait au début du xiv° siècle [2].

4° Un texte rédigé au monastère de Kremsmunster en ~~Thuringe~~, au début du xiv° siècle, présente le *Décret* comme rédigé en 1160 [3]. Ce renseignement est répété dans l'*Histoire* composée à cette époque par un moine du même couvent [4].

5° Enfin les *Annales Sanctæ Crucis Polonici* [5], en un texte rédigé vers 1270, indiquent approximativement l'année 1167 comme celle de la rédaction du *Décret*.

On peut, à mon avis, écarter en bloc toutes ces mentions divergentes qui assignent au *Décret* une date postérieure à 1151. Elles contredisent l'affirmation de Huguccio, d'après laquelle le *Décret* a été rédigé alors que Roland enseignait à Bologne, c'est-à-dire avant la fin de 1150 ; elles s'accordent mal avec l'usage que Pierre Lombard a fait de l'œuvre de Gratien ; enfin elles sont inconciliables avec ce fait que le *Décret* a été mis à contribution d'abord par Paucapalea, puis par Roland Bandinelli, certainement avant 1153 [6].

Si le lecteur a bien voulu suivre cette longue analyse, il aura constaté qu'aucun des textes d'après lesquels le *Décret* aurait été composé en 1150, en 1151 ou postérieurement à 1151, ne remonte au xii° siècle, c'est-à-dire au siècle de Gratien. La dernière de ces trois opinions est

1. *Monumenta Germaniæ, Scriptores*, XXIV, p. 193.
2. *Ibid.*, XXV, p. 698.
3. *Ibid.*, XXV, p. 633.
4. *Ibid.*, XXV, p. 671.
5. *Ibid.*, XIX, p. 680.
6. Voir ci-dessus.

inconciliable avec les faits certains que nous révèle l'histoire littéraire du xiiᵉ siècle. La date 1150 n'a d'autre garant que la glose de Jean le Teutonique, juriste du commencement du xiiiᵉ siècle. La date 1151 repose vraisemblablement sur une transcription erronée de cette glose par Martin le Polonais. Aussi j'estime qu'il faut écarter ces trois séries de témoignages tardifs, d'origine douteuse, et d'ailleurs en désaccord les uns avec les autres. Le plus sage est de résoudre la question à l'aide des textes du xiiᵉ siècle ; or ces textes, on l'a vu, sont favorables à l'opinion qui place la rédaction de Gratien vers 1140.

C'est d'ailleurs le résultat qui se dégage de l'étude comparative des écrits ecclésiastiques du milieu du xiiᵉ siècle. Les observations déduites par M. Thaner de l'usage, dans les documents pontificaux, de la formule : *Salva Sedis Apostolicæ auctoritate*, ne peuvent que la confirmer. Pour ces motifs je crois devoir, sans hésiter, me rallier à cette opinion.

CONCLUSION

Qu'il me soit permis de réunir en deux courtes propositions les conclusions de cette double étude :

1º Le *Décret* de Gratien a été mis à contribution par les *Sentences* de Pierre Lombard, composées certainement après 1145, et suivant toutes les apparences peu après 1150.

2º Le *Décret* de Gratien a été très vraisemblablement rédigé vers 1140, ou tout au moins à une époque plus voisine de 1140 que de 1150.

Original en couleur

NF Z 43-120-8